LA
PROPRIÉTÉ FONCIÈRE EN CHALDÉE

D'APRÈS LES PIERRES-LIMITES (KOUDOURROUS)

DU

MUSÉE DU LOUVRE

PAR

ÉDOUARD CUQ

PROFESSEUR A LA FACULTÉ DE DROIT DE L'UNIVERSITÉ DE PARIS

Extrait de la *Nouvelle Revue historique de Droit français et étranger*
de Novembre-Décembre 1906

LIBRAIRIE
DE LA SOCIÉTÉ DU RECUEIL J.-B. SIREY ET DU JOURNAL DU PALAIS
Ancienne Maison L. Larose et Forcel
22, rue Soufflot, PARIS, 5e Arrond.
L. LAROSE & L. TENIN, Directeurs
—
1907

LA

PROPRIÉTÉ FONCIÈRE EN CHALDÉE

D'APRÈS LES PIERRES-LIMITES (KOUDOURROUS)

DU

MUSÉE DU LOUVRE

Les fouilles, entreprises à Suse par M. de Morgan, sont devenues promptement célèbres grâce à la découverte du Code de Hammourabi, roi de Babylone vers l'an 2000 avant notre ère. Cette découverte, quelle qu'en soit l'importance, ne doit pas faire négliger les autres documents trouvés par l'habile explorateur et dont le classement méthodique permet d'apprécier l'état de la civilisation Chaldéenne avant et après Hammourabi. Parmi ces documents aujourd'hui déposés au Louvre dans la nouvelle galerie des antiquités de l'Elam et de la Chaldée, il en est plusieurs qui, par leur forme, attirent l'attention. Ce sont de gros galets ovoïdes de calcaire noir, blanc ou jaunâtre. Ils mesurent $0^m,45$ à $0^m,68$ de haut; $0^m,20$ à $0^m,32$ de large; l'épaisseur n'excède pas $0^m,19$ (1).

Ces galets portent à leur partie supérieure, ou sur une de leurs faces, des bas-reliefs représentant sous une forme conventionnelle toute une série de divinités. A la partie inférieure et sur les autres faces sont inscrits des actes royaux portant donation de terres soit à un particulier, en récompense de services

(1) Un résumé de cette étude a été présenté par l'auteur à l'Académie des Inscriptions et Belles-Lettres, dans la séance du 13 juillet dernier. Cette communication a donné lieu à une discussion à laquelle ont pris part MM. Babelon, Heuzey, Viollet, Pottier (*Comptes rendus de l'Académie*, 1906, p. 308-311).

rendus, soit à un dieu ou au fils du roi. Trois d'entre eux contiennent des jugements relatifs à ces donations et confirmant le droit du donataire.

Tous ces actes désignent d'une façon précise les limites de la propriété concédée par le roi. De là le nom de la pierre, sur laquelle l'acte est gravé, et par extension de l'acte lui-même : c'est un *koudourrou*, mot qui signifie borne ou limite (1). Le Louvre possède actuellement 22 pierres de ce genre; il en aura bientôt 23 : la campagne de 1906 a donné une nouvelle pierre-limite (2). Faute de place, on n'en a exposé que sept, les mieux conservées (3).

Les koudourrous n'étaient pas inconnus avant les fouilles pratiquées à Suse par M: de Morgan. C'est à Bagdad sur les bords du Tigre qu'on a trouvé le premier en 1786. On l'appelle le caillou Michaux du nom de son inventeur. Il est aujourd'hui au cabinet des médailles. Dans la seconde moitié du siècle dernier, on a découvert en Chaldée d'autres pierres-limites : les unes sont au musée de Berlin, les autres à Constantinople et à Londres. Le British Museum en possède six, trouvées en partie par H. Rassam (4). L'une d'elles se distingue par sa forme et ses dimensions : c'est un bloc de pierre rectangulaire d'environ 75 centimètres de haut sur 45 centimètres de large (5).

(1) Sur un koudourrou du British Museum (Londres 105 [90841], on lit : « Le nom de cette pierre est : indication de limites pour l'éternité ».

(2) On n'en a qu'un estampage. D'après une note que le P. Scheil a bien voulu nous envoyer, ce koudourrou contient trois actes de donation : le premier, mutilé et martelé, est entièrement perdu; le second est en faveur d'une fille du roi Melichihou; le troisième, en faveur d'un particulier.

(3) Cf. de Morgan, *Histoire et travaux de la Délégation en Perse*, 1905 p. 120; R. Louis, *Revue biblique*, 1905, p. 586.

(4) En visitant la salle des antiquités assyriennes et babyloniennes au 1ᵉʳ étage du British Museum, nous avons remarqué quatre autres pierres que la notice appelle « Boundary stone » : 90836, fragment; l'inscription manque ; 90837 : inscription martelée; 90833 : « Boundary stone recording the sale of a field. About B. C. 1400 ». Nous n'avons pu savoir sur quoi est fondée la date attribuée à cette pierre; le texte semble à peu près illisible; 90834 : c'est à tort que cette pierre a été classée parmi les « boundary stone »; voir ci-après.

(5) Londres 99 [90850]. La citation des koudourrous de Londres est assez compliquée par suite du remaniement opéré dans le classement des collections du B. M. Il nous a semblé utile de conserver les nᵒˢ anciens, sous lesquels ces pierres sont citées dans Rawlinson, Oppert, Schrader, Belser, et de mettre entre crochets les nᵒˢ qui leur sont attribués dans le nouveau classement.

On a parfois classé parmi les koudourrous quelques pierres qui présentent extérieurement le même aspect, mais qui ont un objet tout différent : 1° L'une contient une lettre de franchise accordée par Nabuchodonosor Ier, roi de Babylone vers 1140, après la victoire remportée sur les Élamites. En récompense des services rendus sur le champ de bataille par le chef de la tribu Karzijabkou (1), le roi rend aux villes de cette tribu l'indépendance dont elles jouissaient avant d'avoir été incorporées par les Élamites au district de Namar (2). — 2° Une autre pierre, dite de Zâ'aleh du nom de la colline où elle a été trouvée à 12 milles anglais au Nord-Ouest de Babylone, sur la rive gauche de l'Euphrate, contient également un acte de franchise (3). La première année du règne de Mardouk-nâdin-ahê (1025), Aradsou accorde à perpétuité à certaines personnes l'exemption des corvées que pourraient exiger divers fonctionnaires et les rend indépendantes du district situé à l'embouchure du fleuve Salmani (4). — 3° Une pierre du British Museum, n° 90834, qualifiée « boundary stone » par le *Guide of the assyrian and babylonian antiquities in the British Museum* (1900). Mais l'inscription dont l'éminent assyriologue anglais M. Theo. G. Pinches a eu la gracieuseté de nous envoyer la traduction (5), con-

(1) Le même nom se retrouve dans Louvre 18, col. 1, 16 = Scheil, VI, 44 ; Londres 102 [90835], col. 9, 6 = Peiser, KB., IV, 83.

(2) Londres 100 [90858] = Peiser, KB., III, 1, 165. Texte publié par Rawlinson (*The Cuneiform inscriptions of Western Asia*, t. V, p. 1884, pl. 55-57) et traduit par Meissner (*Zeits. f. Assyriologie*, IV, 259).

(3) Texte publié par Rawlinson (*op. cit.*, t. Ier, 1861, p. 66), traduit par Oppert (*Documents juridiques*, 1877, p. 81), et plus exactement par Peiser dans le recueil de Schrader, KB., IV, 67. — Lond. 96 [90938].

(4) Un acte analogue, mais d'une portée moins large, a été publié par Rawlinson (t. III, 45, n° 2), comme annexe de Londres 106 [90840], et traduit par Belser, (*Beiträge zur Assyriologie und semitischen Sprachwissenchaft*, t. II, 1891, p. 125). C'est un acte de franchise accordé sans doute au donataire pour l'exempter des corvées qu'exigerait un gouverneur de Al-nirêa ou un chef de la tribu Ada. Cf. Louvre 3, col. 2, 7 = Scheil, II, 101, et la stèle de Bêl-Harran-Bêl-Outsour, rappelant la franchise accordée par le *nagir* du palais de Teglat-phalasar, roi d'Assyrie, lorsqu'il fonda dans le désert la ville de Dour-bêl-harran-bêl-Outsour (Scheil, *Recueil des travaux relatifs à l'épigraphie et à l'archéologie égyptienne et assyrienne*, XVI, 175-182, l. 19-22).

(5) « Image (qu') Addu-êtir, celui qui porte le glaive de Merodach, (qui est) l'ornement de Sin, Chamach et Nergal, qui adore Nabou et Merodach, qui adresse des prières au roi son seigneur — Mardouk-balatzou-ikbi (et)

tient simplement la dédicace de deux portraits (vraisemblablement ceux de Mardouk-balatzou-ikbi, roi de Babylone vers 830,
et de son fils aîné), sculptés au-dessous des emblèmes des dieux
Chamach, Sin et Nergal. Ce n'est donc pas une pierre-limite.

Parmi les koudourrous aujourd'hui connus, il n'y en a guère
plus de la moitié dont le texte puisse être utilisé. Nous devrons
laisser de côté quinze de ceux qu'on a rapportés de Suse ; le
texte a été détruit ou martelé, ou n'a pas été gravé (1).

Les koudourrous du Louvre, trouvés de 1898 à 1905, ont
été décrits par M. de Morgan, avec des dessins ou des hélio-
gravures dans les tomes I (1900), p. 165-182 et VII (1905),
p. 137-152, des *Mémoires de la Délégation en Perse*. Nous les
citerons d'après les numéros qui leur ont été assignés au
t. VII, p. 137. Nous y ajouterons les nos 2 *bis*, 18 *bis* pour deux
koudourrous mentionnés aux t. II, 97 et VI, 46 et qui ne figurent pas dans cette liste. Les textes ont été publiés et traduits
par le P. Scheil dans les t. II (1900), p. 86-116 et VI (1905),
p. 31-42, de la même collection. Les historiens du droit ne sau-
raient être trop reconnaissants au savant Directeur des études
d'assyriologie à l'École pratique des Hautes-Études, qui leur
a rendu accessibles, dans le plus bref délai, les inscriptions
découvertes par la Délégation. L'auteur de cet article tient à le
remercier de l'extrême obligeance qu'il a mise à lui fournir les
éclaircissements nécessaires.

Les koudourrous des musées étrangers ont été, pour la plupart, plusieurs fois publiés. Nous les citerons d'après l'édition
la plus récente, donnée avec la traduction dans le recueil de
Schrader (2). Le koudourrou de Constantinople et le fragment
de Berlin (V. A. 213) ont été publiés par M. Hilprecht (3) : le
P. Scheil a bien voulu nous en communiquer une traduction.

son fils aîné — a faite et placée pour les jours de l'avenir (et) pour sa pro-
géniture et sa postérité. Quiconque plus tard détruira l'image et cette inscription, ou par machination (les) fera disparaître, que Merodach, le grand
seigneur, le regarde avec colère et qu'il fasse disparaître son nom et sa pro-
géniture, etc. ».

(1) Louvre 20 = *Mém.* VII, 146. Ce koudourrou, remarquable par ses
bas-reliefs, est resté inachevé : on a simplement tracé les lignes pour recevoir le texte du document.

(2) *Keilinschriftliche Bibliothek*, t. I à VI, 1, 1889-1901.

(3) *The Babylonian Expedition of the University of Pennsylvania*, series A,

L'étude des koudourrous présente un double intérêt, pour l'histoire des religions et pour l'histoire de la propriété foncière. Le texte donne les noms d'un grand nombre de divinités : on en compte 45 dans une seule inscription (1). Les bas-reliefs révèlent les symboles sous lesquels elles étaient figurées. Il n'est plus douteux aujourd'hui que ces sculptures représentent les dieux invoqués dans le texte (2) : dans certains koudourrous du Louvre, le nom du dieu est inscrit sur l'emblème (3). Nous laissons à ceux qui s'occupent de l'histoire des religions le soin d'identifier tous ces emblèmes. Nous envisagerons les koudourrous uniquement au point de vue de l'histoire du droit. Cette étude soulève deux questions :

1° Dans quels cas faisait-on usage des pierres-limites?

2° Quels renseignements fournissent ces pierres sur l'histoire de la propriété foncière en Chaldée?

I

De l'usage des pierres-limites.

Les pierres-limites servaient tout d'abord de moyen de preuve. Chez les peuples de l'Assyrie, de l'Élam et de la Chaldée, il était d'usage d'écrire les actes juridiques sur des tablettes d'argile. Les parties intéressées, parfois même les témoins, y apposaient leur cachet; à défaut d'un cachet, on enfonçait l'ongle dans la pâte encore tendre (4). L'ayant-droit conservait chez lui

cuneiform texts. Old Babylonian inscriptions chiefly from Nippur, 1893-1896. Vol. I, 2, pl. 65-67. M. Hilprecht a publié dans le même recueil (pl. XXV, 69; pl. 68) la photographie et le texte d'un fragment de koudourrou du Musée de Berlin (cf. *Verzeichniss der in den Königl. Museen zu Berlin befindlichen Vorderasiatischen Altertümer und Gipsabgüsse*, 1889, p. 66). Cette pierre, trouvée à Nippur, est, d'après Hilprecht, de l'an 1000 environ.

(1) Louvre 16 = *Mém.*, VII, 143.

(2) Le fait avait paru invraisemblable à Oppert (*Doc. jur.*, 87) et à Belser *Babylonische Kudurru-Inschriften* (*Beitr. z. Assyr.*, II, 111). M. Pinches (*Guide of the Nimroud central salon*, p. 40-60) avait entrevu la vérité.

(3) Louvre 1 = *Mém.* I, 168; cf. Louvre 2, col. 3, 16-24 = *Mém.* II, 89.

(4) Cf. sur l'usage des cachets, Oppert et Ménant, *Doc. jur.*, 67; Maspero, *Histoire ancienne des peuples de l'Orient classique*, II, 731. L'un de nos koudourrous (Louvre 3) porte la signature du roi Melichihou, tracée à la pointe, sous les emblèmes divins (*Mém.*, II, 111).

ces tablettes, comme le font aujourd'hui les créanciers pour les billets souscrits par leur débiteur (1). Dans certains cas l'usage des tablettes fut jugé insuffisant : lorsqu'un acte intéressait un grand nombre de personnes et devait avoir une durée indéfinie, il était nécessaire de l'exposer en public. La brique étant trop fragile, l'acte était gravé sur pierre ; on employait un calcaire très dur, susceptible de résister aux intempéries. C'est ce que l'on a fait pour les actes de franchise déjà cités et pour les koudourrous. Ceux-ci se terminent toujours par une longue formule où l'on menace de la colère des dieux « quiconque dans les jours éloignés méconnaîtra le droit de l'acquéreur ».

Les pierres-limites étaient ensuite un mode de publicité : on les plaçait sur le champ de l'acquéreur. On a objecté que les emblèmes et l'inscription couvrent toute la surface de la pierre ; on n'a pu, dit-on, enfoncer dans le sol une partie de l'acte destinée à la publicité. Mais cette observation n'a pas une portée générale : il y a des koudourrous dont la partie inférieure a été réservée pour être fixée dans le sol. Cette disposition est manifeste dans les n°ˢ 90829 et 90850 du British Museum : dans le premier, la partie supérieure porte les emblèmes ; la partie centrale a été grossièrement équarrie pour recevoir l'inscription ; il n'y a rien sur la partie inférieure qui mesure environ 0ᵐ,10. Dans le second, le rectangle inférieur, qui a environ 0ᵐ,20 de haut, ne porte aucune trace de sculpture ni de gravure. Il y a donc des koudourrous qui ont effectivement servi de borne ; il en est d'autres qui ne justifient pas, à cet égard, leur dénomination.

Les koudourrous du Louvre donnent l'explication de cette diversité. Ils attestent que la pierre était placée sur le champ de l'acquéreur de manière à être vue. Le donateur défend « d'enlever la pierre qu'il a gravée... et que, sur ce champ, il a laissée pour jamais » sous peine d'encourir les malédictions « que j'ai écrites sur cette pierre... et que j'ai laissées sur ce champ ». Il défend également de déplacer les digues, les limites et les koudourrous (2). Mais, d'autre part, on faisait une copie de l'original et on la déposait dans un temple, où elle restait sous la protection des dieux. Dans l'un des médaillons gravés au

(1) Même usage chez les Hébreux, *Jérémie*, XXXII, 14.
(2) Louvre 3, col. 5, 43, 52, 54 ; col. 5, 6-7 ; col. 2, 10 = *Mém.*, II, 107-108.

bas du koudourrou de Nazi-Marouttach, il est dit que le donataire inscrivit l'acte sur une stèle d'argile qu'il plaça devant son dieu(1). Cette stèle ayant été écrasée par la chute d'un mur, fut remplacée par la stèle de pierre qui est au Louvre. L'usage des doubles est confirmé par le koudourrou de Bitiliyachou : lors du procès intenté contre un descendant du donataire, celui-ci montra au roi une copie du document rédigé plus d'un siècle auparavant, sous le règne de Kourigalzou (2).

Tous les koudourrous du Louvre ont été trouvés dans les ruines des temples de Suse. Il faut se garder d'en conclure que c'est là qu'ils ont été d'abord déposés, car ils sont relatifs à des terres situées en Chaldée. Ils doivent avoir été transportés dans la capitale de l'Élam, comme beaucoup d'autres monuments babyloniens, par un de ces rois Élamites qui, à diverses époques, ont envahi et dévasté la Chaldée. Il est difficile de dire pourquoi les rois de l'Élam ont confisqué ces titres de propriété (3) ; le seul point qui semble certain, c'est qu'ils n'ont pas fait rechercher dans les champs de la Chaldée ces galets de pierre rappelant la générosité des rois de Babylone : ils ont plutôt enlevé les doubles déposés dans les temples.

Si les koudourrous servaient à donner une publicité durable à l'acquisition de la propriété, ce n'était pas leur véritable raison d'être. La publicité n'était pas en Chaldée une condition de validité de l'acquisition, comme en droit grec ou en droit moderne(4). Les koudourrous avaient pour but principal de placer l'acquisition de la propriété sous la protection des dieux. Ils présentent en effet deux traits distinctifs : des bas-reliefs figurant les emblèmes de certaines divinités, des imprécations et anathèmes contre celui qui contesterait le droit de l'acquéreur, déplacerait, cacherait ou détruirait la pierre indiquant les limites de sa propriété. Les koudourrous appartiennent donc à une

---

(1) Louvre 2 = *Mém.*, II, 91.
(2) Louvre 9 = *Mém.*, II, 93.
(3) Cf. les conjectures émises par M. de Morgan, I, 167 ; VII, 138.
(4) Cic., p. *Flac.*, 29, 32. Loi du 23 mars 1855, a. 1. Cf. pour le droit grec, Dareste, *Nouvelles études d'histoire du droit*, 110. D'après un papyrus d'Oxyrinchos, il y avait en Égypte, dans chaque canton, une conservation des hypothèques et des titres de propriété. Cf. Édouard Cuq, *Les institutions juridiques des Romains,* II, 1902, p. 831, n. 3.

époque et ont été usités dans des cas où l'autorité de la loi était impuissante à assurer le respect de la propriété.

Quelle est cette époque et quels sont ces cas? Avant les fouilles de Suse, il était difficile sinon impossible de le dire. Les koudourrous antérieurement découverts ont des objets très différents : donation, vente, échange, dation en paiement, jugement rendu par le roi. La plupart sont d'une époque assez basse : des 4ᵉ, 6ᵉ et 9ᵉ dynasties; quelques-uns seulement remontent à la 3ᵉ dynastie. Les koudourrous du Louvre au contraire sont tous de l'époque Kassite (1) : ils sont dus à des rois de la 3ᵉ dynastie qui ont régné de 1284 à 1117. Il y en a même un qui se rapporte à une donation faite vers 1350 par le roi Kourigalzou (2). L'analyse des textes gravés sur ces pierres permet de déterminer quelle fut l'application première des koudourrous. L'étude des documents plus récents démontre que cette application s'est maintenue pendant trois siècles, et que, dans la suite, les koudourrous ont été de plus en plus détournés de leur destination primitive. Le dernier en date, la pierre de Sargon de l'an 712, ne justifie même plus sa dénomination : on n'y trouve pas le mot koudourrou.

§ 1. — Tous les koudourrous du Louvre, dont le texte est assez bien conservé pour qu'on puisse en déterminer l'objet (3), concernent des terres achetées par le roi à une tribu ou à une ville.

Louvre 2 = Scheil, II, 86. — Ce koudourrou, le plus ancien de tous, est antérieur au suivant de plus d'un siècle.

---

(1) Suivant l'opinion générale (contestée par Oppert, *Zeits. f. Assyr.*, III, 421), les Kassites ne sont autres que les Kosséens (Κοσσαῖοι) mentionnés par Polybe, V, 44, 7; Strab. XI, 13, 6; XVI, 1, 18; Diod., XVII, 111; Arrian., *Expl. Alex.*, VII, 15, 1. Cf. Fr. Delitzsch, *Die Sprache den Kossäer*, 1884. Maspero, *Hist.* I, 113. Dans les textes cunéiformes, on les désigne par le mot *kashshu*; on devrait donc écrire et prononcer Kachchites. Nous conserverons l'orthographe consacrée par l'usage et nous écrirons Kassites, de même qu'on écrit Assyrien pour désigner les habitants d'Ashshur (Achchour). Une liste des rois Kassites a été publiée par Hilprecht, *op. cit.*, I, 44. Elle doit être complétée aujourd'hui à l'aide des indications fournies par les koudourrous du Louvre.

(2) Louvre 9 = *Mém.*, II, 93 et note 2.

(3) Les nᵒˢ 2 *bis*, 9, 12 concernent également des donations royales, mais le texte en partie mutilé ne permet pas de dire à qui appartenait le champ donné.

Nazi-Marouttach, fils et successeur du roi Kourigalzou (vers 1280), donne au dieu Mardouk les champs en face de Babylone (1). La donation comprend la ville de TOUR-ZAGIN de la tribu Mouqqout GICH-KIT avec 4 localités et une emblavure de 700 *gur* (2), évaluée à 30 *qa* la grande aune. Mais, sur ce nombre, 494 *gur* seulement, divisés en huit parcelles dont la situation est précisée, forment la part du dieu; les 206 *gur* restant sont donnés par le roi à son serviteur Kachakti Chougab. Toutes ces terres appartenaient à la ville de TOUR-ZAGIN de la tribu de Mouqqout GICH-KIT (3). L'acte a soin de constater que les gouverneurs ont dédommagé la tribu (4).

Louvre 3 = Scheil, II, 99. — C'est également à une tribu qu'appartenaient les terres données par le roi Melichihou (1144-1130) à son fils Mardouk-apal-iddin (Merodach-baladan Ier). La donation a pour objet 84 1/5 *gur* 160 *qa* d'emblavure, évaluée à 30 *qa* la grande aune, de la ville de Tammakou, canton d'Agadê, au bord du canal royal, de la tribu Pir Chadou Rabou (5). Comme le précédent, l'acte constate que la tribu a été dédommagée (6). Ni l'un ni l'autre n'indiquent en quoi consiste l'indemnité. Il en est autrement dans l'acte suivant.

Louvre 14 = Scheil, VI, 39. — Ce fragment de l'époque de Mardouk-apal-iddin (1130-1117), se rapporte à la donation d'un

(1) Cela ne veut pas dire que ces champs étaient dans le voisinage de Babylone : les détails donnés par le texte sur la situation des terres prouvent qu'elles étaient au nord de Babylone, près de la frontière de l'Assyrie; l'une d'elles appartenait au district d'Opis.

(2) Le *gur* est une mesure de capacité qui vaut 300 *qa*. Il ne faut pas le confondre avec le *gur saggal* qui vaut 240 *qa* (cf. Allotte de la Füye, *Jl Asiatique*, déc. 1905). Il est d'usage dans les textes babyloniens d'exprimer la superficie d'un terrain par une mesure de capacité : on indique la quantité de grains nécessaire pour ensemencer l'unité de surface qui est ici la grande aune carrée, ailleurs le *gur* (cf. Oppert, *Doc. jur.*, 94. Maspero, *Hist.*, II, 761). Cette quantité varie suivant la qualité des terres. Une inscription du Musée de Constantinople (n° 1022), qui remonte à 40 siècles avant notre ère, rapporte une série de ventes où l'on compte 10, 15, 30 et jusqu'à 60 *qa* par *gur*. Dans les koudourrous Kassites, on compte uniformément 30 *qa* à la grande aune. Si l'on admet avec Oppert (*Doc. jur.* 347) que la grande aune équivaut à 8S ares, 1118, le *gur* à 30 *qa* représente 8 hectares 81. Voir dans un sens différent Delitzsch et Belser, *Beitr. z. Assyr.*, II, 130.

(3) Col. 2, 21-22; col. 1, 12.

(4) Col. 1, 18-19.

(5) La donation comprend 4 parcelles de terre : 1° 35 *gur* 110 *qa* aux environs de Tammakou ; 2° 14 *gur* 270 *qa* prolongement du champ d'Irriga, officier du roi; 3° 26 *gur* 30 *qa* prolongement du champ, près la ville de Nour-ahê-chou, et appartenant à Isba-Adad portier de la ville de Dour-Kourigalzou; 4° 7 *gur* 50 *qa* appartenant à Eamalik, le charpentier.

(6) Col. 1, 25-26.

champ acheté à la même tribu Pir Chadou Rabou (1). L'inscription, dont le texte est mutilé, faisait connaître le prix payé au moment où le champ venait d'être mesuré (col. 1, 8-13). Cette différence de rédaction tient à ce que le koudourrou reproduit, non pas l'acte de donation, mais le jugement rendu sur une réclamation formée contre le donataire. Il a paru nécessaire au roi, pour justifier sa décision, de constater que le prix fixé avait été payé comptant.

Louvre 16 = Scheil, VI, 32. — Donation par le roi Melichihou à son serviteur Mounnabitta, fils de Dougga-melou, de 30 *gur* d'emblavure évaluée à 30 *qa* la grande aune, champ de la ville de Chaknana, au bord du canal Mêdandan, préfecture de Bagdad. Cette donation comprend deux lots de terre d'une égale superficie, l'un contigu à des maisons particulières et au verger de la ville de Chaknana, l'autre face au désert, confinant à l'ouest au canal Ararra, au sud à la ville de Choubat-Charri, ban de Bagdad et aux plantations des Nahassipan, à l'est au domaine de Izkour-Nabou, au nord à la ville de AN-ZA-KAR et au ban de Bagdad.

Ces terres ont été vendues au roi par le préfet de Bagdad. Est-ce à titre de propriétaire? C'est peu probable pour deux raisons. Le texte rapporte qu'un procès fut intenté au donataire au début du règne de Mardouk-apal-iddin, fils et successeur de Melichihou : l'un des voisins du champ formant le premier lot réclamait une parcelle de terre de 3 *gur* 20 *qa* qui, suivant lui, était l'entrée de son champ; la donation, invoquée par son adversaire, était sans valeur, car Melichihou était mort sans avoir scellé l'acte en présence de témoins. Pour trancher le différend, le roi ne se borne pas à interroger le vendeur, ce qui aurait suffi s'il s'était agi d'une propriété privée : il consulte le préfet actuel et les édiles anciens de Bagdad. L'avis demandé à ces magistrats n'aurait pas de raison d'être s'ils n'avaient eu qualité pour confirmer l'aliénation. Ils sont intervenus comme administra-

(1) Les dimensions de ce champ sont indiquées autrement que dans les actes qui précèdent; 38 *cha* de longueur à l'ouest, 38 *cha* à l'est, 11 1/2 *cha* de frond au sud. Le *cha* est la 60e partie de l'*ouch*, l'*ouch* vaut 120 *gi* ou 840 aunes. Cf. Oppert, *Les mesures assyriennes* de capacité et de superficie, 1886; Lehmann, *Die altbabylonische Masse und Gewichtssystem* als Grundlage der antiken Syteme, Leide, 1893; G. Reisner, *Altbabylonische Masse und Gewichte* (Ber. d. Berl. Akad. d. Wiss., 1896, I, 423); Oppert, *Zeits. f. Assyr.*, XII, 109; *Comptes rendus de l'Acad. des Inscriptions*, 1896, p. 331.

teurs des biens appartenant aux villes de la préfecture de Bagdad. C'est au même titre que le préfet en exercice lors de la donation a pris part à la vente. Un second fait confirme cette manière de voir : la défense de contester la donation s'adresse non pas aux parents du vendeur, ce qui devrait être s'il s'agissait d'une propriété privée, mais uniquement aux gouverneur, patesi, capitaine, lieutenant, qui seraient établis dans la préfecture de Bagdad, aux voisins et spécialement aux membres de la tribu Ahouniea dont fait partie le demandeur (1).

Ce koudourrou a donc pour but, comme les précédents, de consacrer la transformation d'une propriété de ville ou de tribu en une propriété privée, de prévenir les contestations qui pourraient être formées contre le propriétaire actuel ou ses ayants-cause par les membres de la tribu ou leurs représentants officiels.

La même conclusion ressort de l'examen de deux koudourrous de l'époque Kassite, conservés au British Museum.

Londres 101 [90829] = Peiser, KB., IV, 57. — Donation par le roi Melichihou à Hasardou, fils de Soumi, de 50 *gur* d'emblavure, évaluée à 30 *qa* la grande aune, champ de la ville de Chaloulouni, au bord du canal royal, district de la tribu Chip-ilou-Martou. La teneur de l'acte ne permet pas de dire comment le roi a obtenu, en faveur de son serviteur, la cession d'une terre dépendant de la tribu. L'essentiel est de constater que le champ appartenait à une tribu. Or l'objet de la donation est désigné comme dans Louvre 2 et 3 : c'est un champ d'une ville dépendant d'une tribu ; il fait partie du district de la tribu Chip-ilou-Martou, et il est contigu, au nord et à l'est, aux terres de cette tribu.

Londres 99 [90850] = Peiser, KB., IV, 61. — Donation par le roi Mardouk-apal-iddin à Mardouk-zâkir-Choumi, administrateur chef de..., de 10 *gur* d'emblavure, évaluée à 30 *qa* la grande aune, canton de Dour-Zizi, au bord du Tigre, district de Gur-Ninni (2). La terre confine à l'ouest au Tigre, à l'est à la maison d'un fonctionnaire de Gur-Ninni, au nord à la ville d'Anzagamich et à la tribu Tounamissah de Harem (?), au sud au champ (?) dans le district de Gur-Ninni, canton de Dour-zizi.

La formule d'imprécation présente une difficulté : le donateur menace de la colère des dieux celui qui ferait déplacer le kou-

---

(1) Col. 3, 27 ; 4, 19.

(2) Trouvé sur la rive droite du Tigre, en face de Bagdad ; rapporté par G. Smith, et donné au British Museum en 1873 par le propriétaire du *Daily Telegraph*. Bas-reliefs reproduits dans Oppert et Ménant, 129.

dourrou par le fils du maître du champ (col. 3, 15), ce qui semble indiquer une propriété privée. Mais, d'un autre côté, la défense de contester le droit du donataire ou de déplacer la borne s'adresse aux préfet, gouverneur (col. 3, 12), et non à l'aliénateur ou à ses parents, ce qui permet de croire que le champ appartient à une collectivité. Le maître du champ n'en avait sans doute que la jouissance temporaire, comme dans la propriété de tribu.

Le British Museum possède un autre koudourrou, rédigé à l'époque Kassite dans une circonstance toute différente. Il ne s'agit plus d'un transfert de propriété, mais d'un jugement confirmant le droit d'un fils à la succession paternelle à l'exclusion des enfants non reconnus. C'est un des actes qui montrent le mieux la raison qui détermine l'emploi du koudourrou.

Londres 103 [90827] = Peiser, KB., III, 1, 155. — Le texte (1) rapporte trois jugements rendus successivement par les rois Adad-choum-iddin, Adad-nâdin-ahê, Melichihou, au sujet d'une maison et d'un champ dont la propriété était contestée entre frères. Il est difficile d'indiquer avec précision les phases du procès; l'inscription est mutilée : 7 lignes de la première colonne, 32 de la seconde sont illisibles. La cause de ce procès, qui s'est prolongé pendant près d'un demi-siècle, est la prétention de Tarim-ana-ilichou à la propriété d'une maison et d'un champ, à titre de fils de Sanipa. Cette qualité lui est contestée par son frère, sans doute parce qu'il n'a pas été reconnu par son père. Le roi Adad-choum-iddin le condamne à rendre la maison au requérant. Quant au champ qui avait été vendu à un tiers, un nouveau procès s'engage sous le règne de Adad-nadin-ahê : le requérant obtient encore gain de cause, mais il doit rembourser à l'acheteur de bonne foi le prix payé. Après sa mort, survient un nouveau personnage, Ahoudarou, fils de Bel-kidini, qui s'empare du champ par la force. Le fils du propriétaire, Mardouk-Koudour-outsour, adresse une supplique au roi Melichihou qui, après enquête, lui donne raison et décide que la question de propriété est définitivement jugée. Il défend, sous peine de malédiction, aux membres des familles Tarim-ana-ilichou et Bel-kidini de réclamer le champ, de.

____

(1) Publié par Belser, *Beitr. z. Assyriologie*, II, 187.

déplacer ou détruire la borne qui attestera la propriété de Mardouk-Koudour-outsour. L'érection d'un koudourrou se justifie aisément : deux jugements rendus par les prédécesseurs de Melichihou n'avaient pu avoir raison des plaideurs ; voyant l'autorité royale méconnue, le roi plaça sa décision sous la protection des dieux.

§ 2. — L'usage des koudourrous pour constater l'acquisition de terres appartenant à une tribu s'est maintenu sous la 4ᵉ dynastie, celle des Pachè (1).

Londres 106 [90840] = Peiser, KB., IV, 69. — Donation par le roi Mardouk-nâdin-ahê (1023-1002), à Adad-zêr-ikicha d'une terre située à Alnireâ, au bord du Zirzirri (2), dans la tribu Ada. Cette donation n'est pas faite directement par le roi. Au lieu d'acheter la terre, il s'adresse à un grand dignitaire du royaume, au choukkal Mardouk-ili-Dul, qui était en même temps chef de la tribu Ada (bord de la col. 4ᵃ, l. 6), et lui demande de céder pour toujours à Adad-zêr-ikicha un lot de terres cultivées de 20 *gur*, à raison de 30 *qa* à la grande aune (3). Le chef de la tribu se conforme au désir du roi ; il mesure les 20 *gur* et les donne à perpétuité à Adad-zêr-ikicha (4). Le détour employé par le roi pour réaliser sa libéralité s'explique vraisemblablement par les rapports existant entre lui et son ministre d'une part, entre celui-ci et le donataire d'autre part. Le donataire était un membre important de la tribu Ada dont le ministre du roi était le chef : il a le titre de *chout-chak* (5) (bord de la col. 4ᵃ, l. 4) ; aussi offre-t-il à son chef 30 chevaux à titre de remerciement (6).

Le champ donné appartenait bien à la tribu ; ce n'était pas

(1) Cette dynastie commence vers 1140 avec Nabuchodonosor Iᵉʳ. Cf. Hilprecht, I, 38 ; Schrader, K. B., III, 1.

(2) Sur le nom et la position de ce fleuve qui doit être un des affluents du Tigre, cf. Oppert, 113.

(3) Correction du P. Scheil. Peiser avait lu 18 *qa ;* mais on sait aujourd'hui que le sens du signe correspondant a varié : dans le néo-babylonien, il désigne 18 *qa ;* à l'époque ancienne, 30 *qa*.

(4) L'acte est daté du 28 Ouloul (2ᵉ mois) de la dixième année du roi Mardouk-nadin-ahê (1106). Il fut scellé à Dindou-bitou en présence de 16 témoins, parmi lesquels l'administrateur en chef et le préfet de la tribu Ada, plusieurs hauts fonctionnaires du pays et un médecin.

(5) Correction du P. Scheil : Peiser avait lu *chak-chouppar*.

(6) Cette partie du texte, que les précédents traducteurs avaient mal comprise, a été expliquée par Delitzsch : il a fait observer que les lignes, ajoutées au bord de la col. 4, forment non pas un seul contexte, mais deux groupes distincts de signes. Cf. Belser, *Beitr. z. Assyr.*, II, 148.

la propriété du chef, car les personnes à qui l'acte défend de
contester le droit du donataire sont les membres de la tribu en
général et quiconque deviendra dans la suite chef de la tribu ou
administrateur, préfet, conseiller, scribe, fonctionnaire de cette
tribu (1). Le champ est d'ailleurs contigu de trois côtés aux
terres de la tribu Ada, le quatrième touche à celles des gens de
Èoul-mach (2).

Hilprecht, I, p. 2, pl. 65-67. — Donation par le roi Mardouk-ahê-
irba (3) à son serviteur Koudourri le Habiréen de 20 *gur* d'emblavure
évaluée à 30 *qa* la grande aune, champ de Chin-bêl-ilani, fils de Kandi,
préfet de la tribu Pir Chadou Rabou. L'acte n'indique pas comment le
roi a pu donner un champ du préfet de la tribu; il dit seulement qu'il
a fait mesurer le champ par quatre personnes : deux scribes, dont
l'un porte le titre de « ancien scribe de la tribu Pir Chadou Rabou »,
un préfet et un gouverneur. On peut cependant affirmer, croyons-nous,
que le champ n'était pas une propriété privée, car les personnes aux-
quelles l'acte défend, sous peine de malédiction, de contester le droit
du donataire, ne sont pas les parents ou héritiers de Chin-bêl-ilani,
mais les membres de la tribu en général, et spécialement les préfet,
gouverneur, chef, patesi. Il est donc vraisemblable que le champ faisait partie du domaine attribué au préfet en raison de sa fonction.
C'est ainsi qu'un autre acte (Londres 106) parle du champ de la maison du gouverneur (col. 2, 15). Dès lors, comme dans le cas précédent, la donation a dû être réalisée par l'intermédiaire du préfet de la
tribu, à la demande du roi.

Londres 105 [90841] = Peiser, KB., IV, 75 (4). — Acte (5) de l'époque de Mardouk-nâdin-ahê. Achat par un officier royal Mardouk-nâsir
à Amel-Bel, fils de Hanbi, de 5 *gur* d'emblavure, évaluée à 30 *qa*
la grande aune, au bord du fleuve..., dans la tribu Hanbi (6). Le terrain a été mesuré par... Le vendeur a reçu de l'acheteur à titre de

(1) Bas-reliefs reproduits dans Oppert et Ménant, 100.

(2) Le même nom se lit dans Louvre 19 = Scheil, VI, 47, et dans le pro-
logue des lois de Hammourabi, IV, 49.

(3) On ignore la date de son règne. On conjecture que c'est un roi de la
4ᵉ dynastie. L'écriture se rapproche de la manière si particulière des koudourrous Kassites, et de ceux de Mardouk-nâdin-ahê. Cf. Scheil, II, xiv;
Hilprecht, *op. cit.*, I, 2, 12.

(4) Les emblèmes des dieux sont sur la calotte supérieure de la pierre. Au-
dessous, la face antérieure est occupée par un personnage d'environ 0ᵐ,35
de haut; il tient un arc dans une main, une flèche dans l'autre.

(5) Publié par Rawlinson, III. 44; traduit par Oppert (*Doc. jur.*, 117), par
Belser, *Beitr. z. Assyr.*, II, 124, par Peiser, *loc. cit.* Cf. Babelon, *Science
sociale*, 1886, 1, 355.

(6) Suivant Fr. Delitzsch (*Die Sprache der Kossäer*, 1884, p. 35), Hanbi

paiement : un chariot avec accessoires, valeur 100 sicles d'argent;
6 harnais de chevaux, valeur 300 sicles ; un âne d'Occident, valeur 130
sicles; 2 selles pour cet âne, 50 sicles; un âne... 15 sicles; un bœuf...
30 sicles; 34 *gur* 1 imir (== 36 *qa*) 20 *qa* de blé, compté à la mesure
de 12 *qa*, valeur 137 sicles; 2 imir (1) 40 *qa* d'huile, compté à raison de 4 *qa*, valeur 16 sicles ; 2... vêtements, 12 sicles ; 9 manteaux
(?), 18 sicles; 1 vêtement pour sacrifice (?), 1 sicle; 1 vêtement...
1 sicle; 1 vêtement, valeur 6 sicles. Total : 816 sicles.

Cette vente a pour objet un champ de la tribu Hanbi ; elle est
consentie par le fils de Hanbi, sans doute le chef de la tribu.
Le champ est entouré au nord et à l'ouest par les terres de
cette tribu ; il confine au sud aux terres de la tribu Imbiati. La
formule d'imprécation est dirigée contre celui qui, dans l'avenir, deviendrait administrateur, préfet, fonctionnaire de cette
tribu (col. 1, 34) et qui, à ce titre, ferait rentrer le champ dans
le district auquel il appartient par sa situation (col. 2, 2), le
donnerait à un dieu, au roi, à un intendant du roi ou du gouverneur, ou à toute autre personne, ou bien nierait que « c'est
un don du roi » (2).

§ 3. — Si l'usage des pierres-limites s'est maintenu sous la
4ᵉ dynastie, on en trouve une application nouvelle pour constater une donation en faveur de mariage.

Cabinet des Médailles, 702 = Peiser, KB., IV, 78 (3). — Donation
par Sɪʀ-nâsir, fils de Habban, à sa fille Dour-Charginaïti, fiancée de
Tab-achab-Mardouk, fils de Ina-esagil-zêr, le messager, de 20 *gur*
d'emblavure évaluée à 30 *qa* la grande aune, canton de Kâr-Nabou,

n'est qu'une variante de Habban. La tribu dont il est ici question est la même
qui est citée dans le caillou Michaux; ces deux actes sont contemporains.

(1) *Imir* ou *homer* est une charge d'âne. Cette unité de mesure se retrouve
dans une inscription gréco-araméenne de l'an 137 de notre ère, contenant le
tarif de la douane de Palmyre (de Vogué, *Journal asiatique*, 1883, II, 152).
Suivant la nature des marchandises, on comptait par charge d'âne, γόμος ὀνικός
ou de chameau, γόμος καμηλικός. Cf. Dessau, *Hermes*, XIX, 486.

(2) Cette dernière clause est étrange : le début du texte parle, non pas
d'une donation royale, mais d'un achat fait par un officier royal. Le graveur
s'est-il trompé en reproduisant machinalement une formule qui n'avait pas ici
d'application?

(3) Texte traduit par Oppert (*Bull. arch. de l'Athenæum français*, 1856,
p. 33), puis par Alfred Boissier, *Recherches sur quelques contrats babyloniens*, 1890. Cf. Babelon, *Science sociale*, I, 360; Maspero, *Hist.* II, 762. Bas-
reliefs décrits par Oppert, *Doc. jur.*, 85-86.

au bord du canal de Mêdandan, propriété Habban: Longueur à l'est :
3 *ouch* (= 180 *cha* = 2520 aunes) (1) confinant au district de Bagdad;
longueur à l'ouest, 3 *ouch*, confinant à la tribu Tounamissah (?),
largeur au nord et au sud, 1 *ouch* 50 *cha* (= 110 *cha* = 1540 aunes),
confinant des deux côtés à la propriété Habban.

La donation a ici pour objet un champ appartenant aux
Habban, et faisant partie d'une terre susceptible d'être concédée à une femme (2) par les chefs de famille de la tribu. Le
champ ainsi donné par un fils de Habban ne devait jamais être
repris par la tribu. Le mari de la donataire, craignant une
réclamation des frères, fils, parents des deux sexes (?), servi-
teurs ou servantes, des représentants ou autres fonctionnaires
de la famille Habban, fit placer sur le champ un koudourrou
en y inscrivant les imprécations habituelles contre celui qui le
déplacerait, ou contesterait le droit concédé par Sɪʀ-nâsir,
ou donnerait le champ à un dieu, se l'approprierait, en modi-
fierait l'étendue, ou dirait : « ce champ n'a pas été donné à une
femme ».

Le caillou de Michaux est du règne de Mardouk-nâdin-ahê (3).
Une pierre d'une époque bien postérieure contient une application semblable à la précédente.

Londres 102 [90835] = Peiser, KB. IV, 83. — Ce koudourrou ren-
ferme plusieurs actes de dates différentes (4). L'acte principal concerne
une donation en faveur de mariage : la 4ᵉ année du règne de Nabou-
kin-apli, roi de la 6ᵉ dynastie, Arad-Igibi, fils d'Atrattach, a scellé
dans la ville de ses frères, de Kachchai, son fils aîné et de six autres
fils, et il a donné à sa fille, fiancée à Chamach-nâdin-choum, fils du

_____

(1) On a déjà signalé cette manière d'indiquer les dimensions du champ dans
Louvre 14 : elle se retrouve dans Berlin V. A. 213 qui, d'après Hilprecht,
est de la même époque que le caillou Michaux. Les côtés du champ ont res-
pectivement 1 *ouch* 25 *cha*, 1 *ouch* 40 *cha*, 5 *ouch* 10 (?) *cha*, 3 (?) *ouch* 10 *cha*.

(2) Tel paraît être le sens de col. 1, 4. Peiser traduit : « Feld des
Frauenbesitzes (?) » Cf. col. 2, 17 : « Das Feld ist als Frauenbesitz (?) nicht
gegeben ».

(3) Cette date a été déterminée par Oppert (*Doc. jur.*, 96 et 116). Il a
fait observer que le mari de la donataire est l'un des témoins cités dans la
pierre de Zâ'aleh; or, l'acte gravé sur cette pierre est du règne de Mardouk-
nâdin-ahê. Ce même personnage est le frère de Mardouk-ili-Dᴜʟ, choukkal
du même roi (Lond. 106). Voir cep. Alf. Boissier, d'après lequel l'acte remon-
terait au règne de Nabuchodonosor Iᵉʳ.

(4) Transcription de l'original dans Belser, *Beitr. z. Assyr.*, II, 171-185.

fonctionnaire Bouroucha, 3 *gur* d'emblavure, évaluée à 30 *qa* la grande aune, canton de.....

Cette donation, ayant pour objet un immeuble, fut, suivant la loi antique, rédigée par écrit (a. 39 des lois de Hammourabi). L'acte fut scellé dans la ville habitée par les frères, le fils aîné et six autres fils du donateur. Cette clause a sans doute pour but de constater qu'ils ont consenti à l'aliénation ou tout au moins qu'ils ne s'y sont pas opposés. C'est là en effet une condition de validité de l'aliénation sous les régimes autres que celui de la propriété individuelle. L'aliénation cependant n'était pas encore parfaite. Le donateur avait une famille nombreuse : l'acte cite les noms de cinq autres fils (col. 1, 19-23). Mais l'année suivante, le second fils consentit à sceller l'acte en présence de ceux de ses frères qui n'avaient pas plus que lui participé à l'acte originaire. Désormais la donation était pleinement valable : un koudourrou fut érigé sur le champ (1).

L'immeuble, objet de la donation est une terre de la famille Atrattach : Arad-Igibi en dispose en qualité de chef, mais avec le consentement de ses frères et de ses fils. Il s'agit peut-être ici d'une propriété familiale et non d'une propriété de tribu ; l'acte défend uniquement les réclamations qui seraient formées par les frères, fils, parents de l'un ou de l'autre sexe (?) de la famille Atrattach (2) ou par un chef subséquent de cette famille (col. 1, 30-33).

§ 4. — Les deux koudourrous les plus récents, ceux de la 9ᵉ dynastie, ont un objet tout différent.

Berlin ... — Peiser et Winckler, KB., III, 1, 185 (3) — Donation par le roi Merodach-Baladan II à son serviteur Bel-ahê-irba, *ninkou*

---

(1) L'acte fut gravé en 5 colonnes. Plus tard on inscrivit sur la même pierre d'autres actes antérieurs au mariage : ils remontent à Ninib-Koudour-outsour, prédécesseur de Nabou-kin-apli. Autant qu'on en peut juger, malgré les lacunes du texte, le donateur avait eu des démêlés et même un procès avec le père de son futur gendre. L'addition, faite au texte primitif, eut pour but d'attester que les difficultés qui, avant le mariage, avaient divisé les familles des deux époux, avaient été définitivement réglées.

(2) Le mot *bît*, qui figure dans l'expression Bît-Habban, Bît-Atrattach, signifie tribu, famille, maison ou propriété.

(3) Texte publié par Delitzsch, *Beitr. z. Assyr.*, II, 258-273. La face antérieure, avec les emblèmes divins et les portraits du donateur et du donataire,

de Babylone, de plusieurs terres dépendant du district royal : 1° une terre au bord du fleuve Souri, mesurant 50 *gur* d'emblavure évaluée à la grande aune ; 2° la terre de Nabatou, 54 *gur* 2 *pi* 6 *qa* ; 3° 2 *gur* de terre plantée de palmiers, au bord du canal royal ; 4° 3 *gur* d'emblavure sur le front du bois précité (1). L'acte fut scellé à Babylone avec le sceau et la signature du roi, la 7ᵉ année de son règne (715) en présence du fils du roi et de neuf personnages (préfet de Babylone, hauts fonctionnaires de Barsipa et de Koutha).

Berlin, V. A. 209 = Peiser, KB., IV, 159. — La pierre de Sargon ressemble aux koudourrous par sa forme (2), par les bas-reliefs qui la recouvrent, par ses dimensions (32 × 17 × 9,5). Elle en diffère quant au fond : elle ne sert pas à indiquer les limites d'un champ ; elle contient une sorte d'inventaire des actes d'acquisition d'immeubles, réalisés par Nabou-li'ou, fils de Nour-Sin de la tribu de..., depuis la 3ᵉ année du règne de Salmanazar IV, roi d'Assyrie, jusqu'à la 11ᵉ année de Sargon, son successeur (712). Ces actes sont au nombre de sept : 4 achats au comptant de terres ou de maisons, 2 actes de dation en paiement, 1 acte d'échange. Tous ces actes montrent un bourgeois de Dour-ilou, cherchant à arrondir sa propriété en achetant les terres avoisinantes. Il tient à s'assurer un moyen de preuve durable dans une ville située sur la frontière de deux royaumes, dans une région exposée aux incursions des ennemis et célèbre par la victoire de Sargon, sur Houmbanigach, roi d'Anzam et de Suse. Il ne semble pas préoccupé de placer ses acquisitions sous la protection des dieux : la formule d'imprécations et d'anathèmes manque dans cinq actes, et dans les deux autres elle se réduit à la simple menace de la malédiction des dieux Anou, Bel, Êa et Sin (3). Dans l'acte le plus important, l'acquéreur a pris une précaution qu'il juge plus efficace : toute personne de la famille du vendeur qui contestera son droit, devra rendre l'argent reçu et payer en sus 20 0/0.

---

est reproduite dans les *Ægyptische und Vorderasiatische Altertümer aus den Königlichen Museen zu Berlin, mit erklärendem Text von der Dircktion der Sammlung.*

(1) Il doit y avoir une erreur dans les chiffres, car le total serait 109 *gur* 2 *pi* 6 *qa*, tandis que le texte donne comme total général 99 *gur* 2 *pi* 6 *qa*. Le *pi* vaut 36 *qa*. Cf. Oppert, *Rev. d'Assyr.*, I, n° 4.

(2) Voir la reproduction en héliogravure dans Peiser, *Keilschriftliche Actenstücke aus Babylonischen Städten,* 1889.

(3) Col. 2, 8 ; 5, 7-9.

§ 5. — Nous pouvons maintenant apprécier les cas où l'on faisait usage des koudourrous. Parmi ceux qui supposent l'acquisition entre-vifs de la propriété d'une terre dont l'aliénateur peut être déterminé, dix sont de l'époque Kassite et de la 4ᵉ dynastie : tous se rapportent à une terre appartenant à une tribu ou à une ville. Il en est même plusieurs où l'on spécifie que le champ est limité de deux ou trois côtés par les terres de la tribu qui a consenti l'aliénation, ou d'une tribu voisine (1). Dans la suite, l'usage du koudourrou a dégénéré : il s'applique à l'aliénation de terres formant une propriété privée. Puis le koudourrou n'est pas toujours une pierre indicatrice de limites et servant à placer l'acquisition d'un champ sous la protection des dieux ; ce n'est pas même toujours une pierre susceptible d'être fixée sur le sol.

Le British Museum possède deux petites tablettes, de forme presque carrée, qui contiennent, avec une inscription, des emblèmes analogues à ceux qui distinguent les koudourrous : la première (n° 90922), qui seule a été publiée (2), est du règne de Nabou-apal-iddin, roi de Babylone vers 870 ; l'acte porte l'indication des limites de la terre concédée, mais il n'y a pas de formule d'imprécation.

C'est le contraire que l'on observe dans un acte gravé sur une table de marbre noir du règne de Nabou-choum-ichkoun, roi de Babylone vers l'an 900. La déesse Nanâ, sœur de Chamach, et son époux Nabou accordent à un prêtre du sanctuaire de Nabou à Barsipa une pension alimentaire imputable sur les revenus du temple. L'acte se termine par une formule d'imprécation, mais il n'y a ni transfert de propriété, ni indication de limites : ce n'est pas un koudourrou (3).

---

(1) Londres 101 : contigu de deux côtés aux terres de la tribu Chip-ilou-Martou. — Londres 106 : contigu de trois côtés à la tribu Adâ. — Londres 105 : contigu de deux côtés à la tribu Hanbi, et d'un autre à la tribu Imbiati. — Berlin, V. A. 213 : contigu de deux côtés à la tribu Sin-acharidou. — Caillou Michaux : contigu de deux côtés à la tribu Habban, et d'un autre à la tribu Tounamissah.

(2) Peiser, KB., IV, 92. La seconde [90936] est ainsi décrite : « Tablet with inscription recording a grant of land near the river Euphrates ». Sur chacune de ces tablettes les portraits de deux personnages figurent à côté des emblèmes divins.

(3) Scheil, *Rec. des trav.*, 1898, XX, 205-210.

II

La propriété foncière en Chaldée à l'époque Kassite.

La propriété de tribu coexiste avec la propriété privée à l'époque Kassite : c'est là un fait que les koudourrous du Louvre 2, 3, 14 mettent hors de doute. Ils attestent que le roi a donné des terres appartenant à une tribu, et que cette tribu a reçu un dédommagement. Il n'est pas question d'une indemnité accordée au possesseur de la terre, ce qui serait indispensable s'il s'agissait d'une propriété privée.

Les précautions, prises par le roi pour constater publiquement le dédommagement accordé à la tribu, font ressortir la différence qui sépare la conception de la propriété en Chaldée et dans d'autres pays comme l'Égypte. Le sol de l'Égypte est propriété du roi : les habitants n'ont que la possession que le roi veut bien leur accorder à la condition de payer certaines redevances ou de supporter certaines charges, par exemple, celle du service militaire (1). En Chaldée au contraire, comme à Rome, la propriété est antérieure à l'État. Le roi respecte la propriété des tribus qui le reconnaissent pour chef. S'il veut créer des apanages au profit de ses enfants, si, à la suite d'une guerre heureuse, il veut donner des terres pour récompenser les services de ses vassaux, il doit traiter avec la tribu à qui la terre appartient et lui payer une indemnité préalable. C'est là une tradition constante des rois Chaldéens : on peut la suivre jusqu'au quarantième siècle avant notre ère (2).

Les koudourrous nous apprennent ensuite que la propriété de tribu ne s'appliquait pas uniquement, comme on pourrait le croire, à des terres incultes : les champs achetés par le roi sont tous des champs cultivés, situés au bord d'un canal ou d'un fleuve (3). Un seul acte fait allusion à des pâturages

---

(1) Cf. Bouché-Leclercq, *Histoire des Lagides*, t. III, 1906, p. 178.

(2) Cf. les actes gravés sur l'obélisque de Manichtou-Sou (*Mém.*, II, 29).

(3) Louvre 2 : canaux Souri-Gal, Daban, royal; Migati, Zoumoun-Ichtar; Louvre 2 *bis* : canal royal; Louvre 3 : canaux Haribâsi, Kibâti, royal; Louvre 2 : canaux Rakibi, Daban; Louvre 14 : Radanou; Louvre 16 : canaux Médandan, Ararra; Londres 99 : Tigre; Londres 101 : canal royal; Londres 102 : canal...; Londres 103 : Ninna; Londres 105 : fleuve...; Londres 106 :

qui peuvent exister à côté des terres en culture (Louvre 3, col. 3, 12-21).

Les koudourrous du Louvre font également connaître certaines particularités de l'organisation administrative de la tribu et de la propriété de tribu. Ces renseignements, confirmés sur certains points et complétés par les actes antérieurement découverts, ne sont pas seulement utiles pour l'histoire de la propriété en Chaldée, dix à treize siècles avant notre ère.

La question du régime primitif de la propriété chez les peuples antiques a suscité depuis une trentaine d'années de nombreux travaux. A défaut de documents originaux, on a essayé de la résoudre en s'appuyant sur le témoignage des historiens anciens. Mais l'interprétation de ces textes est très discutée : dans les sociétés primitives, a-t-on dit, le régime de la propriété n'est pas le même que de nos jours; c'est celui de la propriété collective et non de la propriété individuelle; on le trouve chez les Hindous, les Slaves, les Germains; il a dû pareillement exister chez tous les peuples (1). Cette généralisation a été contestée, et l'on a soutenu qu'elle n'est pas exacte pour les Grecs et pour les Romains, ni même pour les Germains (2). Nous n'aborderons pas cette controverse; tout a été dit de part et d'autre par les savants les plus compétents : nous signalons simplement l'intérêt que présentent à cet égard les inscriptions gravées sur les koudourrous. Ces textes sont d'une tout autre nature que ceux dont on disposait jusqu'ici. Nous n'avons affaire ni au récit d'un historien rapportant plus ou moins fidèlement les renseignements qu'il a recueillis sur les siècles passés, ni au témoignage d'un étranger, parlant d'une institution qui ne lui est pas familière. Nous avons sous les yeux des actes contemporains, rédigés par les parties intéressées pour constater des rapports établis conformément à la coutume ou à la loi en vigueur.

Zirzirri; Hilpr. 65-67 : Chacharri; canal de la ville de Chachana ; caillou Michaux : canal Mêdandan.

(1) Viollet, *Caractère collectif des premières propriétés immobilières*, 1872. De Laveleye, *La propriété et ses formes primitives*, 4ᵉ éd., 1890. Sumner Maine, *Les communautés de village* dans *Études sur l'histoire du droit*, trad. de Kérallain, 1889.

(2) Fustel de Coulanges, *Journal des savants*, 1880, p. 97. P. Guiraud, *La propriété foncière en Grèce*, 1893, p. 1-45. Dareste, *Nouv. études*, 1902, p. 76. Cf. Aucoc, *La question des propriétés primitives*, 1885.

§ 1. — La tribu Chaldéenne forme un groupe qui obéit à un chef, préfet, gouverneur, patesi. Elle a des administrateurs, des conseillers, juges-conseillers, des scribes et autres fonctionnaires (1). Cette organisation était nécessaire pour veiller aux intérêts de la communauté, régler le mode de jouissance, prévenir les conflits. On ne la connaît pas encore dans ses détails; on ignore les attributions propres à plusieurs de ces dignitaires ou fonctionnaires de la tribu : les koudourrous du Louvre citent seulement quelques-uns des droits du gouverneur (2). Dans l'ensemble, cette organisation rappelle celle qui existe dans certaines régions de l'Italie, telles que les Marches (3), à Java (4) et chez les Slaves du Sud (5).

La tribu est ordinairement établie dans un district (tribus Chip-ilou-Martou, Sin-magir, Sin-acharidou : Londres 101 ; Louvre 3). Les membres de la tribu résident dans des villes (tribu Mouqqout GICH-KIT à TOUR-ZAGIN, tribu Tounalakitt à Mâr-chelibi, tribu Pir-Chadou-Rabou à Tammakou, tribu Ada à Al-nirêa, tribu Chip-ilou-Martou à Chaloulouni : Londres 106, 101) ou villages (tribu Achani). Une même tribu peut occuper plusieurs villes (tribu Kourzijabkou, Londres 100) ou localités (tribu Mouqqout GICH-KIT : Louvre 2).

§ 2. — Les terres appartenant à une tribu sont réparties entre les villes ou villages. Plusieurs actes sont relatifs à des terres appartenant à une ville dépendant d'une tribu (Louvre 2, 3 ; Londres 106, 101). La pierre de Merodach-baladan II mentionne le champ du village Achani.

Ces terres sont en général comprises dans le district où est fixée la tribu ; mais elles peuvent s'étendre dans plusieurs dis-

(1) Louvre 14; Londres 105, 106; Hilpr.; Peiser, KB., IV, 65.

(2) Louvre 3, col. 2, 44-53; Louvre 14, col. 1, 8-14.

(3) D'après les actes cités par de Laveleye, p. 278, la communauté a un conseil administratif chargé de veiller à l'exécution du règlement sur le mode de jouissance. Ce conseil, élu d'abord par les membres de la communauté, puis se recrutant lui-même, a un président, un secrétaire, un trésorier. Cf. Sumner Maine, 143, 163.

(4) Cf. de Laveleye, 65, et pour les Hottentots, von Burgsdorff, *Zeits. f. vergl. Rw.*, XV, 350.

(5) La Zadruga élit parmi les anciens un chef qui la représente dans les actes juridiques, qui assigne à chacun sa tâche et maintient l'ordre dans la communauté. Cf. Daresle, *Nouv. études*, p. 348.

tricts : la ville de TOUR-ZAGIN de la tribu Mouqqout GICH-KIT
possède des terres dans les six districts de Sin magir, Dour
papsoukal, Ḥoudaki, Dou pliyach, Sin acharidou et Opis(1).

Dans les grandes tribus, certaines familles formaient parfois
un groupe particulier et comme une petite tribu dans la grande.
Elles étaient fixées dans un district spécial et avaient par conséquent des terres séparées de celles des autres groupes bien
que voisines. Les terres de la tribu Mouqqout GICH-KIT situées
dans les cantons de Risni, Tiriqan, Chasaiki, Dour-charri, sont
toutes au bord du canal Daban, aux environs de Dour papsoukal.
Cependant ces terres étaient considérées comme la propriété de
la tribu en général : tel est le cas des terres des familles Sin
magir et Sin acharidou (2) de la tribu Mouqqout GICH-KIT
(Louvre 2, col. 2, 21-24).

Les terres d'un district étaient divisées en plusieurs cantons :
la tribu Sin magir a des terres dans les cantons de Risni et de
Tiriqan ; la tribu Sin acharidou, dans le canton de Dour Chamach KAK (Louvre 2).

Les terres de chaque canton étaient à leur tour subdivisées
en parcelles réparties entre un certain nombre de membres de
la tribu qui, en fait, étaient les maîtres du champ (Londres 99).
Les gens d'un même canton étaient sans doute ceux que les
textes appellent des « voisins ». Le koudourrou 14 du Louvre
indique le nombre des voisins d'une parcelle de terre vendue
au roi : ils étaient 34.

On ignore comment se faisait la répartition des terres. Il est
vraisemblable qu'elle avait lieu, comme chez les Hébreux, par
la voie du sort, en vertu d'une décision du chef ou des administrateurs de la tribu. Lorsque Josué partagea le pays de Chanaan entre neuf tribus d'Israël et la moitié de la tribu de Manassé, puis entre les familles de chaque tribu, on procéda par

____

(1) Louvre 2 = Scheil, II, 87, en donne le détail : 1º 70 *gur*, canton de
Risni ; 30 *gur*, canton de Tiriqan, en tout 100 *gur*, district de la tribu Sin-
magir ; 2º 70 *gur*, canton de Chasaiki ; 30 *gur*, canton de Dour-Charri, en
tout 100 *gur*, district de Dour-papsoukal ; 3º un sôse de *gur* (= 60 *gur*),
canton de Pilari, district de Houdaki ; 4º 100 *gur*, canton de Dour-ouchou,
district de Doupliyach ; 5º 50 *gur*, canton de Dour-Chamach KAK, district de
la tribu Sin-acharidou ; 6º 84 *gur*, canton de Kari, district d'Opis.

(2) La tribu Sin-acharidou est également citée dans Berlin V. A. 213, col.
1, 2-4.

la voie du sort (1). Ce qui est certain c'est que les lots étaient rigoureusement mesurés. L'art de l'arpentage est très ancien en Chaldée : il était pratiqué 40 siècles avant notre ère (2). En cas d'empiètement d'un voisin sur l'autre, il suffisait de mesurer à nouveau les lots concédés pour déterminer les droits de chacun. Afin de prévenir toute fraude, l'aune, qui avait servi à l'arpentage, était scellée devant témoins et conservée comme pièce justificative par le maître du champ (3).

§ 3. — L'attribution de parcelles de terre aux membres d'une tribu n'était pas définitive : elle pouvait être révoquée. Le roi Melichihou, faisant une donation à son fils, conjure ses successeurs de ne pas suivre les conseils du gouverneur du district ou du préfet de la tribu qui les solliciterait de rendre à la tribu Pir Chadou Rabou le champ qu'il vient de concéder (4). Il désire que cette terre reste sa propriété : c'est une dérogation à l'usage d'après lequel le lot de terre, attribué à une famille, ne lui est concédé que pour un temps après lequel il fait retour à la tribu. Une clause analogue se lit dans Londres 105 (col. 2, 2), et dans le caillou Michaux (col. 2, 7, 11).

La reprise d'une terre par les représentants de la tribu ne devait pas être rare dans la pratique (5). Dans tous les koudourrous apparaît la préoccupation d'exclure la reprise de la terre par les parents et par les membres de la tribu (6), ou par leurs représentants autorisés (7), le plus souvent par les uns et par les autres (8), tout au moins par le chef de la tribu et par les magistrats du pays (9), ou seulement par les magistrats du pays (10). Deux koudourrous qui se rapportent à une propriété privée n'interdisent que la réclamation des membres de la famille (Londres 103 ; pierre de Sargon).

(1) Josué, XIII, 3-7, XIV, 2 ; XVII, 2.
(2) Obélisque de Manichtou-Sou, C. 14, 19 = Scheil, II, 29.
(3) Louvre 16, col. 3, 1-23.
(4) Louvre 3, col. 4, 50-51 ; col. 5, 33 = *Mém.*, II, 105.
(5) Cf. Oppert, *Zeits. Keilschriftforschung*, 1884, p. 45.
(6) Londres 102, 106.
(7) Londres 105 ; Hilprecht ; caillou Michaux.
(8) Londres 105, 100 ; Hilprecht ; Louvre 3, 14, 16.
(9) Louvre 3, 14, 16.
(10) Louvre 2 ; Londres 99, 101 ; pierre de Merodach-baladan II.

La revendication d'une terre par les représentants d'une tribu
est attestée par un document trouvé par M. Hilprecht dans les
environs de Bagdad (1) : c'est une table de l'époque de Bêl-nâdin-
aplou, le prédécesseur de Mardouk-nâdin-ahê. Le gouverneur
de la tribu Sin-magir (2) avait réuni aux terres de cette tribu
un champ situé sur les bords du Tigre et qui avait été donné
par le roi GIR-KI-SAR à la déesse Ninâ, 696 ans auparavant. Sur
la protestation du prêtre de Gour et Ninâ, le roi prescrit au chef
de la tribu et au gouverneur du pays de respecter la donation
faite à la déesse.

La reprise de la terre pouvait donner lieu à une compensation : celui qui était dépossédé recevait en échange une autre parcelle de terre. Le roi Melichihou défend à ses successeurs
d'enlever le champ au donataire, alors même qu'on lui en donnerait un autre en compensation (Louvre 3, col. 4, 48). Cette
clause, comme la précédente, est la conséquence de la constitution d'une propriété privée. L'une et l'autre prouvent que la propriété de tribu n'était pas exploitée en commun : la terre était
divisée en lots, et répartie entre les membres de la tribu (3).
Tous les lots étaient placés sous la surveillance des directeurs
ou gardiens du sol (Louvre 2, col. 3, 5-10).

§ 4. — La constitution de la propriété de tribu, telle qu'elle
ressort des koudourrous, présente une analogie frappante avec
celle qui subsiste aujourd'hui encore chez quelques peuples
arriérés et qu'on appelle propriété collective (4). La terre appartient à un groupe de familles (clan, mir, zadruga ou tribu),
et non aux individus qui le composent. Ceux-ci n'ont qu'un
droit de jouissance temporaire, inaliénable, intransmissible aux
héritiers. A l'origine, ils se partagent, suivant une quotité déterminée, les fruits de la terre qu'ils exploitent en commun. Puis

(1) *Babyl. Exped.*, I, pl. 30, 31 = Peiser, KB., IV, 65. C'est une tablette de
calcaire noir (16,75 × 12,1 × 5,1), qui est aujourd'hui au Musée babylonien
de l'Université de Pensylvanie, n° 13.

(2) Cette tribu existait un siècle auparavant : elle dépendait alors de la
tribu Mouqqout-GICH-KIT.

(3) L'inscription des terres au cadastre avait lieu, tout au moins sous la 4e
dynastie. Cf. les contrats élamites-sémitiques de l'an 1000 publiés par Scheil,
Mém., IV, 169-194 : 2, 16; 3, 17; 4, 20; 6, 16.

(4) Cf. Dareste, *Nouv. études*, 318, 361.

la terre est divisée en lots répartis entre les familles par la voie
du sort ; mais cette répartition peut être modifiée suivant les
circonstances, car la propriété reste à la tribu. Ici la quantité
de fruits qui revient à chaque famille dépend de son travail,
des soins donnés à la culture. En aucun cas, ni la famille ni l'in-
dividu ne peuvent prétendre à la propriété privée d'une partie
de la terre, comme cela a lieu dans le régime de la propriété familiale ou dans celui de la propriété individuelle (1).

L'analogie qui vient d'être signalée entre la constitution de
la propriété dans les tribus de la Chaldée et celle qu'on observe
dans certains groupements des peuples modernes, se manifeste
à d'autres points de vue : 1° le chef de la tribu et le roi, lorsque
plusieurs tribus sont réunies sous son autorité, reçoivent une
terre d'une étendue suffisante pour les besoins de leur charge :
c'est le champ du chef de la tribu, le champ du roi (2) ; 2° on
a, dans certains cas, permis l'aliénation des terres appartenant
à une tribu : c'est une atténuation apportée au régime de la
propriété collective. Le cas le plus fréquent est celui d'une aliénation au profit du roi. L'aliénation est subordonnée au consentement des membres ou tout au moins du chef de la tribu. Il
en fut de même chez les Hébreux : lorsque Abraham voulut
acheter un terrain situé à l'extrémité du champ d'Ephron pour
y enterrer sa femme Sara, il s'adressa aux fils de Heth, c'est-
à-dire aux membres de la tribu, et les pria d'intercéder pour
lui auprès du maître du champ. Ephron, d'accord avec eux, offre
de donner le terrain, mais Abraham insiste pour payer le prix,
400 sicles d'argent, en présence des fils de Heth (*Genèse*, XXIII).
— L'aliénation est également permise en faveur de mariage et
au profit d'une fille. Il semble résulter du caillou Michaux que
l'aliénation pouvait être consentie par tout chef de famille de la
tribu, mais qu'elle devait porter sur une terre réservée par la
tribu pour doter les femmes (3).

§ 5. — Parmi les membres de la tribu, les voisins sont par-

---

(1) Cf. Édouard Cuq, *Les institutions juridiques des Romains*, t. 1er, 2e édit.,
1905, p. 72 ; Kohler, *Zeits. f. vergl. Rw.*, XI, 174 ; Wilutsky, *Vorgeschichte
des Rechts*, II, 76.

(2) Hilprecht, pl. 65-67 ; Louvre 12 = *Mém.*, II, 112. Cf. l'*ager regius* des
Romains. Cic., *de Rep.*, V, 2.

(3) C'est ainsi que j'interprète les lignes 4 (col. 1) et 17 (col. 2).

ticulièrement intéressés à la conservation des terres de la communauté. Lorsqu'une aliénation est régulièrement consentie, on a soin d'insérer dans l'acte une clause pour exclure toute réclamation des membres de la tribu ou du préfet qui les représente ainsi que des voisins (1). Dans un acte déjà cité, la défense s'adrese au préfet de la tribu et aux 34 voisins (2). Il y a là une indication jusqu'ici sans exemple, croyons-nous, sur le nombre des personnes qui, à titre de voisins, avaient un droit sur la terre commune.

La condition du consentement des voisins n'a pas entièrement disparu lorsque la propriété collective a fait place à la propriété privée. Pendant longtemps on en trouve un vestige sous la forme d'un droit de retrait que les voisins peuvent exercer dans un certain délai et qui leur confère la faculté de reprendre la terre vendue par le propriétaire (3). Ce droit existait à plus forte raison au profit des enfants de l'aliénateur (4). Le roi Nabou-aplou-iddin (8e dynastie) avait autorisé la vente d'un champ situé sur les bords de l'Euphrate et appartenant à Atnai. L'acheteur était, comme le vendeur, de la famille d'Akar-Nabou. Un fils du propriétaire Atnai adresse une requête au roi et réclame une partie du champ, attendu, dit-il, qu'on n'aurait pas dû le laisser sortir définitivement de la maison de mon père (l. 2-3, v°). Le roi fit droit à la requête de son serviteur (5).

A l'époque Kassite, l'aliénation, lorsqu'elle était permise, était faite par les soins du préfet ou du gouverneur de la tribu : c'est à lui que le prix était payé, après le mesurage du champ par l'arpenteur (6). De même, la vente d'un champ, appartenant à une ville du ban de Bagdad, est faite par le préfet de Bagdad.

(1) Louvre 16, col. 4, 5-12.

(2) Louvre 14, col. 2, 4-5.

(3) Cf. sur le retrait chez les Kabyles, Hanoteau et Letourneux, *La Kabylie et les coutumes kabyles*, 1873, II, 401 ; chez les Arméniens, Kohler, *Zeits. f. vergl. Rw.*, VII, 422 ; chez les Hindous, *ibid.*, VII, 183.

(4) Le droit de retrait existait chez les Hébreux : Ruth, IV, 2 ; Jérémie, XXXII, 7.

(5) Lond. 12051 [90922] = Peiser, KB., IV, 92. Cette double autorisation, du roi et des enfants du propriétaire, requise pour la validité de l'aliénation, rappelle une règle analogue de notre ancien droit français. Pendant longtemps, il a fallu, pour aliéner la terre, le consentement du seigneur et celui des parents. Cf. R. Caillemer, *Le retrait lignager dans le droit provençal*, 1906.

(6) Louvre 14, col. 1, 8-14 = *Mém.*, VI, 39. Cf. Londres 106.

§ 6. — L'aliénation, consentie par le chef de la tribu, conférait au roi la propriété privée de la terre qu'il avait achetée. C'est un droit de même nature qu'il transmettait à son tour au donataire. On ne doit pas confondre les donations gravées sur les koudourrous et celles qui, au temps de Hammourabi, étaient faites par le roi aux officiers et à certains fonctionnaires militaires ou civils, chargés de l'approvisionnement (?) de l'armée (art. 26-33, 36-41) ou de la perception des impôts (art. 36-38, 41). Ces deux sortes de libéralités sont essentiellement distinctes.

D'après le Code de Hammourabi, les officiers recevaient du roi, pour subvenir à leurs besoins, un champ avec maison et jardin (1). C'était une sorte de fief qui leur était concédé sous la condition d'exercer leur charge. En cas d'empêchement, le droit se transmettait au fils du titulaire sous la même condition. L'officier qui, ne pouvant faire son service, laissait un tiers prendre les champ, jardin, maison, donnés par le roi et remplir sa charge pendant 3 ans, perdait son droit au fief qui était acquis au remplaçant (art. 30). Les biens donnés étaient inaliénables (art 35, 36); aucune exception n'était admise (art. 32, 38).

Bien différent est le droit conféré par les koudourrous. Il présente les deux caractères distinctifs de la propriété privée. Il est exclusif : tous les actes défendent aux membres de la tribu et aux voisins de réclamer aucune parcelle des biens donnés. Il est héréditaire : nous avons vu que le descendant d'un donataire de Nazi-Marouttach fit remplacer un koudourrou détruit par accident et constatant une libéralité qui remontait à plus d'un siècle. Il ne s'agit donc pas d'un droit de jouissance temporaire : la concession est faite à perpétuité ; elle doit être respectée « par tous ceux qui, à l'avenir, dans les temps éloignés, seront appelés par les grands dieux au pastorat de la contrée (2), par quiconque, dans le vieillissement des temps,

____

(1) Ils recevaient également des bœufs et des moutons (art. 35) pris sur les troupeaux du roi. Les bergers de ces troupeaux étaient exempts du service militaire. Cf. la lettre de Hammourabi à Sin-idinnam, gouverneur des provinces du sud de la Babylonie : King, *The letters and Inscriptions of Hammurabi king of Babylon*, I, 1898 (english translation, III, 1900; traduction allemande de Nagel, *Beitr. z. Assyriologie*, 1902, IV, 434-482).

(2) Louvre 3, col. 3, 55 = *Mém.* II, 104.

sera fonctionnaire, chef, intendant, conseiller, préfet, gouverneur, patesi (1) ».

§ 7. — La concession d'un droit exclusif et héréditaire était une innovation. L'usage de donner une terre en récompense de services rendus se retrouve, il est vrai, chez d'autres peuples qui ont pratiqué le régime de la propriété collective : au Moyen âge, par exemple, dans les villages anglais, aujourd'hui encore chez les Hindous, on attribue des champs à titre de rémunération aux artisans qui confectionnent les objets que les cultivateurs ne savent pas faire eux-mêmes (2). Un usage analogue existait chez les Chaldéens. D'après une table de pierre trouvée à Suse, le roi Bitiliyachou II octroya à un réfugié politique, l'ouvrier en cuirs Agabtaha, qui lui avait fabriqué un *pagoumi*, 10 *gur* d'emblavure dans la ville de Padan (3).

Mais, à l'origine, le concessionnaire n'avait que la jouissance viagère du champ. Plus tard le droit devint héréditaire lorsque le fils exerçait le même métier que son père. On finit par le traiter comme une propriété privée. Il en était ainsi chez les Hébreux au commencement de notre ère : l'argent, remis à Judas comme prix de sa trahison, servit à acheter le « champ du potier ». Il est difficile de dire s'il en fut de même chez les Chaldéens à l'époque Kassite, dans le cas cité par la table d'Agabtaha. Cette donation diffère à bien des égards des actes gravés sur les koudourrous : aucune mesure n'est prise pour assurer la publicité et la perpétuité de l'acte, pas de borne indiquant les limites, aucune représentation figurée des dieux, pas de formule d'imprécation ; rien qu'un écrit constatant la volonté royale et plaçant l'acte sous la protection des « dieux du roi ».

S'il peut y avoir un doute pour le cas de la table d'Agabtaha, il ne saurait y en avoir aucun pour les donations inscrites sur les koudourrous : le donataire acquiert une propriété privée. Il y a donc une différence essentielle entre les concessions faites par une tribu en récompense de services rendus et celles qui émanent du roi : la tribu dispose de ce qui lui appartient sui-

(1) Louvre 16, col. 3, 25 = *Mém.* VI, 35.
(2) Cf. Sumner Maine, *op. cit*, 166.
(3) *Mém.* II, 95. Un de nos actes mentionne le champ d'un charpentier et celui du portier d'une ville (Louvre 3, col. I, 19-22 = *Mém.*, II, 100).

vant le mode usité pour tous les membres de la tribu, elle concède la jouissance temporaire d'un lot de terre. La situation du roi n'est pas la même : il ne peut disposer des terres d'une tribu avant d'en avoir acquis la propriété; il peut donc transmettre un droit perpétuel comme celui qui lui a été conféré.

§ 8. — Les propriétés privées, constituées aux dépens de la propriété collective, restaient soumises à certaines charges au profit du roi, de la tribu, des plus proches voisins. Dans un de nos actes (Louvre 3) le roi Melichihou accorde, par un privilège spécial, à son fils et aux gens du domaine qu'il lui a donné, la franchise absolue de toute redevance, dîme et corvée. Le même acte constate que le roi a respecté les franchises établies par ses prédécesseurs en faveur de leurs fils. Les charges habituelles étaient les suivantes :

1° Au profit du roi : droit d'exiger des villes du district des équipes pour surveiller les digues et empêcher les inondations, pour entretenir et endiguer le canal royal, pour en creuser le lit, pour manœuvrer les écluses, construire un pont ou une route; droit de pacage, droit au fourrage.

2° Au profit du gouverneur de la tribu : droit de prélever du bois, des herbes, de la paille, du blé ou toute autre récolte; droit de réquisitionner, pour les corvées, des chariots avec leurs attelages, des ânes, des cultivateurs du domaine; droit de pacage, droit au fourrage.

3° Au profit des voisins : lorsque le canal, qui met en communication le Rati-Anzanim et le canal royal, est à sec, droit d'utiliser les eaux servant à l'irrigation de la propriété du donataire, droit de puiser de l'eau à son réservoir, de dédoubler son canal d'irrigation pour arroser un autre champ.

Tels sont les renseignements que fournissent les koudourrous sur le régime de la propriété en Chaldée à l'époque des rois Kassites et au début de la 4° dynastie.

§ 9. — La coexistence de la propriété privée et de la propriété de tribu dans cette période soulève une double difficulté :

1° Comment expliquer la présence d'une forme de propriété, spéciale aux sociétés primitives, chez un peuple d'une civilisation aussi avancée que celle des Chaldéens et qui, depuis de longs siècles, pratiquait le régime de la propriété privée?

2º Comment concevoir l'usage de placer sous la protection des dieux les droits acquis sur une terre, chez un peuple où depuis plusieurs siècles l'autorité de la loi était aussi solidement établie que le prouve le Code de Hammourabi?

Sur le premier point, il est hors de doute que la propriété privée a été de très bonne heure admise en Chaldée pour les terres et les maisons, aussi bien que pour les meubles. Nous ne citerons qu'un seul document trouvé à Abou-Habba (Sippar) en 1889 (Musée de Constantinople, 1022) : c'est une pierre dont les deux faces contiennent une inscription de l'époque de Manichtou-Sou, roi de Kych et d'Agadê vers l'an 4000 avant notre ère. On y rapporte une série de ventes de champs avec l'indication du prix, des limites, des noms des vendeurs (1).

Vingt siècles plus tard, au temps de Hammourabi, la propriété privée présentait les caractères distinctifs de la propriété individuelle ; on y relève simplement quelques vestiges de la propriété familiale pour les meubles et surtout pour les immeubles. Au décès du père, la fortune mobilière se transmet aux fils qui la partagent entre eux par portions égales, encore qu'ils soient issus de différents mariages (a. 165, 167). Les filles sont exclues de la succession paternelle comme dans le régime de la propriété familiale ; mais cette exclusion n'a guère qu'une valeur théorique. En pratique, la fille reçoit sous forme de dot (*cheriqtou*) lors de son mariage, l'équivalent de sa part dans la succession paternelle (a. 138). La dot a le caractère d'un avancement d'hoirie, car si, au décès du père, la fille est mariée et dotée, elle ne peut réclamer une part de la fortune mobilière ; si elle n'est pas mariée, ses frères devront, lorsqu'elle se mariera, lui constituer une dot proportionnée à la fortune paternelle (a. 183, 184) (2).

Quant aux immeubles, ils sont inaliénables comme dans le régime de la propriété familiale ; mais la loi a atténué la rigueur du principe en permettant l'aliénation entre-vifs dans deux cas :

(1) Scheil, *Rec. des trav.*, 1900, XXI, 29. Cf. un contrat de vente antérieur à Hammourabi (*ibid.*, XVI, 30), et les contrats du temps de ce roi, cités par Meissner, *Aus dem altbabylonischen Recht*, 1905, p. 6, 7.

(2) Cf. Edouard Cuq, *Le mariage à Babylone d'après les lois de Hammourabi*, 1905, p. 21. Voir aussi *Comptes rendus de l'Académie des Inscriptions et Belles-Lettres*, 1905, p. 210-214.

1° pour payer une dette, disposition qui s'explique aisément à une époque où le créancier avait un droit sur la personne et sur les biens du débiteur ; on préféra sacrifier les immeubles et conserver au débiteur sa liberté ; 2° pour faire une donation à la femme ou à la fille du propriétaire (a. 39). La propriété familiale perd ici un de ses caractères distinctifs : il dépend de la volonté du père de famille d'écarter la règle qui exclut les femmes de la succession. Cette règle est également écartée, contre la volonté du mari, par l'autorité de la loi, au profit de la femme qui, ayant des enfants, est répudiée sans sa faute : elle a droit à l'usufruit de tous les biens, meubles et immeubles, qui reviennent à ses enfants, mais seulement jusqu'à ce qu'elle les ait élevés ; après quoi, elle rendra les biens aux enfants, mais en gardant une part égale à celle d'un fils (a. 137). Sous la réserve de cette exception et de celle des art. 178 et 179, les immeubles restent dans la famille et passent de plein droit aux fils à la mort du père. Les biens même qu'une veuve a recueillis à la mort de son mari et qui proviennent de sa dot ou d'une donation maritale, ne peuvent être aliénés par elle à titre onéreux : à sa mort, ils passent de plein droit à ses enfants (a. 171). La veuve n'a la libre disposition de ses biens dotaux que si elle se sépare de ses enfants, mais dans ce cas elle doit abandonner son *noudounnou* (1).

En présence d'une tradition aussi longue en faveur de la propriété privée, il semble étrange de rencontrer en Chaldée la propriété de tribu 27 à 30 siècles après Manichtou-Sou, 7 à 10 siècles après Hammourabi. Cette singularité a sans doute des causes multiples qui nous échappent en partie ; il y en a deux cependant que l'on peut déterminer en s'appuyant sur des faits connus.

1° Dans les régions frontières où elle est principalement localisée (district d'Opis, préfecture de Bagdad), la propriété de tribu a dû s'introduire après Hammourabi, lorsqu'elles ont été occupées par des peuples étrangers qui ont gardé leurs mœurs et leurs coutumes (2). Tel est le cas de la tribu Habban, qui est

---

(1) Cf. notre étude sur *Le mariage à Babylone*, p. 22.

(2) On peut leur appliquer l'observation faite par M. Maspero (III, 223) pour un autre peuple : recrutés sans cesse chez leurs congénères du désert,

d'origine Kassite. C'était, comme l'a établi Delitzsch (1), la plus
riche, la plus puissante, la plus considérée depuis les bords du
Tigre jusqu'au pays de Namar qui, à lui seul, au temps de Salmanazar II, vers 840, comptait 250 localités. Elle a pu d'autant
mieux conserver ses coutumes que, à certaines époques, le pays
de Namar a formé une royauté indépendante confiée à un fils
de Habban; même sous la domination des rois de Babylone,
c'était encore un fils de Habban qui était choisi pour gouverneur (2). Les coutumes de cette tribu devaient être bien différentes de celle des Babyloniens : les Kassites ou Kosséens étaient,
d'après Polybe et Strabon, un peuple de barbares et de brigands.

2° Au centre du pays, la propriété de tribu a dû se mainte-
nir dans quelques régions, qui avaient été défrichées à une
époque très ancienne. Le sol de la Chaldée est de sa nature in-
fertile; l'eau est nécessaire pour le vivifier : trop abondante
en certains lieux, elle manque dans d'autres. Les terres rive-
raines des grands fleuves seraient très productives si elles
n'étaient sujettes à des inondations qui, n'ayant pas la périodicité
des débordements du Nil, sont un danger permanent pour les
cultivateurs. Pour les protéger et pour féconder les terres en
friche, on a dû régler le cours des eaux, élever des digues,
creuser des canaux d'irrigation (3) : le sol fut divisé en une
série de compartiments qui lui donnaient l'aspect d'un échi-
quier(4). Ces travaux, qu'une personne isolée n'aurait pu en-
treprendre, et qui, dans la suite, ont été multipliés par des rois
tels que Hammourabi(5) et exécutés à l'aide de corvées im-

l'infiltration continue de ces éléments à demi-barbares les empêchait de
s'amollir au contact de la population indigène.

(1) *Die Sprache der Kossäer*, 30.

(2) Londres 100 [90858]. Dans la formule d'imprécations et d'anathèmes
qui termine cet acte de franchise, le roi invoque spécialement les dieux de
Bît-Habban.

(3) Cf. Metchnikoff, *La civilisation et les grands fleuves historiques*, 1889,
p. 249.

(4) Chaque domaine, dit M. Maspero (I, 763), s'entourait d'un épaulement
continu en terre qui le délimitait sur toutes ses faces, en même temps qu'il
lui servait de rempart pendant les mois de l'inondation. Des batteries de
shadoufs, installées sur la berge, des canaux ou des rigoles, pourvoyaient à
l'irrigation.

(5) Voir la lettre 40 de ce roi à Sin-idinnam, et l'inscription relative au

posées aux habitants(1), furent à l'origine réalisés par des familles groupées en tribu(2). L'entretien des digues et des canaux exigea pareillement les efforts combinés des membres de la tribu. Ainsi subsistèrent la cohésion entre les familles, le groupement en tribu et le régime de propriété qui en était la conséquence.

Tel est sans doute le cas de la tribu Pir Chadou Rabou : ses terres touchent d'un côté au fleuve Chacharri (Hilprecht, I, 2, 65), de l'autre à la rivière Radanou (Louvre 14) ; deux canaux les traversent, le canal Haribasi (Louvre 3) et le canal de la ville de Chachana (Hilprecht, *ibid.*) ; elles ont dans la suite profité du voisinage du canal royal et de son dérivé le canal Kibâti (Louvre 3). Cette tribu est établie près d'Agadê, à deux journées de marche au nord de Babylone. Or une inscription archaïque signale des tribus dans cette contrée 40 siècles avant notre ère(3). Je crois même, et je me réserve de l'établir ailleurs, que cette inscription prouve l'existence de la propriété collective non loin d'Agadê, à Kych et dans les environs. Elle contient des détails inédits sur les diverses classes de personnes qui tiraient profit de la culture et sur les usages des communautés agraires qui exploitaient le sol. Il n'est donc pas impossible que la propriété de tribu se soit maintenue dans quelques régions voisines de Babylone, alors que d'autres pratiquaient le régime de la propriété privée.

On ne saurait écarter cette hypothèse en disant que les lois de Hammourabi ne s'occupent ni des communautés de village, ni de la propriété de tribu. Le recueil de Hammourabi n'est pas un Code au sens moderne du mot : il ne contient pas le règlement méthodique de toutes les institutions ; il a dû laisser subsister les usages locaux qui n'avaient rien de contraire aux principes qu'il consacrait, et l'on sait, par le témoignage de Bérose(4), que la Chaldée renfermait une grande quantité d'hom-

---

canal qui porte son nom (KB. III, 1, 122). Cf. Babelon, *Science sociale*, I, 349-351 ; Maspero, I, 43.

(1) Louvre 3, col. 2, 18-36 ; col. 3, 36-41 = Scheil, II, 101, 103.

(2) Sur l'obélisque de Manichtou-Sou sont mentionnés les canaux ZI-KALAMA, Amachtiak (face C, 13, 15 et 21) et NUN-ME (face D, 9, 6).

(3) Tribu Gichmanou (face C, 13, 18 de l'obélisque précité).

(4) Édit. Didot, II, p. 495, fr. 1, § 2.

mes de races différentes. Il y a peut-être une trace des communautés agraires dans les art. 53 et 54. L'art. 53 suppose qu'un
homme ayant négligé de consolider sa digue, le canton a été
inondé et le blé détruit : la loi décide que l'auteur du dommage
doit restituer le blé au canton. L'art. 54 est plus précis : il confère aux gens du canton (*mâr ugaré*), dont le blé a été détruit
par l'eau, le droit de se partager le prix de vente de la personne
et des biens de l'auteur du dommage, lorsqu'il ne peut restituer
le blé perdu par sa faute. Il semble qu'il s'agit ici du droit d'une
collectivité et non d'une série de droits individuels : les dommages causés à des particuliers, au champ d'un voisin, sont en
effet prévus par les art. suivants 55 et 56 (1).

§ 10. — La seconde question que soulève l'étude des actes
gravés sur les koudourrous a une portée plus large que la première : elle se pose pour la propriété privée aussi bien que pour
la propriété de tribu. Nous avons constaté que parmi les koudourrous de l'époque Kassite, il y en a un qui s'applique à une
propriété privée (Londres 103), acquise par voie de succession
et consacrée par des jugements royaux. Pourquoi, au temps des
rois Kassites, croit-on nécessaire de placer la propriété sous la
protection des dieux?

Il n'y a rien de pareil à l'époque antérieure. Dans les titres
de propriété gravés sur l'obélisque de Manichtou-Sou, l'acquéreur se contente d'affirmer son droit, d'en déterminer l'objet et de
faire connaître les engagements qu'il a contractés. Aucune autre précaution ne lui paraît utile pour mettre son droit à l'abri
de toute contestation. Il en est de même en général chez les peuples civilisés : l'autorité de l'État suffit pour garantir la propriété.

A l'époque Kassite, le roi lui-même compte moins sur son
autorité que sur celle des dieux pour assurer le respect du droit
qu'il a conféré; la crainte des dieux paraît seule une sanction
suffisante pour les droits que l'on plaçait jadis sous la garantie
de l'État. La formule qui accompagne l'acte le prouve, et les
bas-reliefs le manifestent sous une forme sensible. On ne se
contente pas de rédiger un écrit, de le sceller devant témoins,

____

(1) Cf. l'art. 58 relatif au berger qui a fait sortir ses moutons du canton où
se trouve le pâturage public et les a conduits sur le champ d'un particulier.

ainsi que l'aune qui a servi à mesurer le champ. L'acte est
gravé sur une pierre qui doit rester sur le sol à perpétuité; il
se termine par une série d'anathèmes et d'imprécations contre
celui qui contesterait le droit du donataire où chercherait à porter atteinte à son droit directement ou par une personne interpo-
sée. L'aliénateur conjure les dieux « dont les noms sont commé-
morés sur la pierre, les armes manifestées, les figures dessinées, de
regarder le contrevenant avec leurs faces irritées et de le mau-
dire d'une façon implacable ». Suivent les malédictions dont la
liste varie et dont voici quelques exemples « : Que le dieu Sin
lui impose une hydropisie dont le lien ne puisse être conjuré ;
qu'il revête son corps de lèpre comme d'un vêtement ; qu'il lui
interdise sa maison tant qu'il vivra ; que le dieu Ninip lui refuse
blé et fruits... Qu'il en soit réduit à tendre la main et à n'être
pas nourri ; qu'il couche dans les champs comme une bête ; qu'il
devienne sourd, muet, paralytique, que les 17 fléaux des grands
dieux l'accablent ; que son nom périsse ; que les dieux arra-
chent son fondement et perdent sa postérité » (1).

La puissance des dieux est exprimée dans les bas-reliefs sous
une forme propre à frapper l'imagination. Les dieux sont dési-
gnés tantôt par leurs armes (lance de Mardouk, massue à tête
de bélier, d'Éa), tantôt par leurs sièges (siège carré de Goula),
ou par leurs résidences (maison surmontée d'une coiffure coni-
que), ordinairement par leurs emblèmes : le croissant de la
lune (Sin, le père des dieux), le soleil (Chamach), l'étoile (Ichtar),
la lampe allumée (Nouskou, le dieu du droit et de la justice), le
serpent (Chirou), l'antilope à corps de poisson (Éa), le taureau
surmonté de la foudre (Adad, le dieu de la foudre, des orages
et des irrigations) (2). Il n'est pas douteux qu'on attachait à
ces symboles et à ces emblèmes, à ces figures grimaçantes
d'animaux moitié réels, moitié imaginaires, une vertu secrète.
Ce devait être quelque chose d'analogue au *tabou* des habi-

_____

(1) Cette dernière imprécation remonte à une haute antiquité. On la ren-
contre sur une stèle du musée de Constantinople, dédiée par le roi Naram-
Sin (Scheil, *Rec. des trav.*, XV, 62 ; *Mém.*, II, 55, n. 1); dans un fragment d'une
inscription archaïque gravée sous un bas-relief représentant un lion couché
(*Mém.*, II, 67. Cf. II, 64 et VI, 17-18):

(2) Il y a quelques variantes : Louvre 5 et 20. Cf. de Morgan, I, 176; VII,
146.

tants de la Polynésie ou des Papuas de la Nouvelle-Guinée.

L'invocation des dieux se présente donc ici sous la forme la plus grossière, celle qu'on observe chez les peuples les plus arriérés. Elle révèle une époque où le droit est confondu avec la religion, où il a pour sanction la crainte de la colère des dieux (1). Et pourtant les koudourrous ont été usités dans un pays qui avait reçu, quelques siècles plus tôt, les lois de Hammourabi. Est-ce un recul de la civilisation et du droit? Il est permis de le croire, et le fait ne serait pas sans exemple (2). Le mariage par achat de la femme, qui n'est plus une réalité au temps de Hammourabi (3), reparaît dans un acte du règne de Nabuchodonosor II (4). Il a fort bien pu en être de même pour la sanction du droit de propriété. L'autorité de la loi a pu subir des fluctuations suivant l'état plus ou moins avancé de la civilisation chez le peuple qui subjugua la Chaldée.

Cette hypothèse trouve un appui dans une observation analogue relative au développement de l'art Chaldéen. Dans une leçon professée à l'École du Louvre sur les œuvres d'art rapportées de Suse, M. Edmond Pottier a constaté que les pièces les plus parfaites sont de la période qui s'étend de Naram Sin à Hammourabi, de 3750 à 2000 environ avant notre ère (5). Dans la période ultérieure, particulièrement à l'époque Kassite, on ne trouve plus que des œuvres d'une exécution grossière, comme si les artistes de ce temps avaient perdu les traditions de leurs prédécesseurs. Il suffit, pour s'en convaincre, de rapprocher la

(1) Au Moyen âge dans les donations faites à une église, on trouve une clause analogue à celles que contiennent les koudourrous : *Si quis hanc legem traditionis infringat, odium Dei et omnium sanctorum habeat et cum Judah Scariot portionem accipiat.* Cf. Fipper, *Das Beispruchsrecht nach altsächsischen Recht*, 1879, p. 7, n. 10.

(2) On peut citer un fait analogue à une époque plus rapprochée de nous : la notion romaine de l'État considéré comme la personnification juridique de la nation a disparu pendant la période féodale; elle a repris sa place dans le droit moderne.

(3) V. notre étude sur *le mariage à Babylone*, p. 5.

(4) Strassmaier, *Babylonische Texte*. Inschriften von Nabuchodonosor, König von Babylon (604-561), p. 101.

(5) Cf. la description de la stèle de Naram-Sin par M. de Morgan (I, 144, 154). « Ce bas-relief, pour le fini du travail, ne le cède en rien aux plus belles œuvres de la sculpture égyptienne ». Voir aussi G. Jéquier, *Mém.* VIII, p. 1, 25 à 27; Maspero, *Rec. des trav.*, X V, 62.

représentation du dieu Chamach sur la stèle de Hammourabi et celle des divinités figurées sur les koudourrous.

Il y a là une coïncidence remarquable entre la décadence de l'art et celle du droit. Elle a sans doute pour cause principale la révolution qui eut lieu en Chaldée, lorsque la dynastie nationale fut remplacée par celle des Kassites. Le pays a été envahi par des étrangers dont on ignore l'origine (1), mais qui appartenaient sûrement à une race d'une civilisation moins avancée que celle des Babyloniens.

ÉDOUARD CUQ.

(1) C'est la conclusion de Delitzsch, *Die Sprache der Kossäer*, 37-50. Suivant une opinion rapportée par Metchnikoff, *op. cit.*, p. 250, les Kosséens seraient des Éthiopiens immigrés de l'Afrique tropicale. Mais au point de vue ethnique, il est impossible de préciser : les documents anatomiques que l'on a recueillis sont d'une époque bien plus récente (E. Hamy, *Documents pour servir à l'anthropologie de la Babylonie* dans *Nouvelles archives* du Museum, VII, 43). Il suffit de constater avec M. de Morgan (*Hist. et travaux*, p. 73) qu'il existe encore en Arabistan bon nombre d'individus présentant tous les caractères de la race Négrito.

IMPRIMERIE
CONTANT · LAGUERRE

BAR LE DUC